AF273642

Via Crucis de María

PALABRA

© Mauro Leonardi, 2024
© Ediciones Palabra, S.A., 2024
  Paseo de la Castellana, 210 – 28046 MADRID (España)
  Telf.: (34) 91 350 77 20 – (34) 91 350 77 39
  www.palabra.es
  palabra@palabra.es

Diseño de portada: Equipo editorial
ISBN: 978-84-1368-344-7
Depósito Legal: M. 2151-2024
Impresión: Gohegraf, S.L.
Printed in Spain – Impreso en España

MAURO LEONARDI

Via Crucis de María

Las estaciones del Via Crucis vistas con los ojos de María

dBolsillo

– ÍNDICE –

INTRODUCCIÓN

Recogen estas páginas las catorce escenas y estaciones clásicas del Via Crucis, pero vistas explícitamente con los ojos de María, vividas desde su corazón de Madre de Jesús.

Todo lo que puede leerse a continuación responde al objetivo de ayudar a contemplar, y estoy persuadido de que el Evangelio es siempre el mejor modo de hacerlo. Basta una mínima atención para reconocer en cada renglón la presencia mariana, aun cuando a veces se quede tan solo en un indicio.

Añado cuatro breves aclaraciones que espero sirvan para comprender mejor las expresiones más poéticas, fruto de mi oración personal. Tales pasajes, aun plenamente conformes a la Revelación y al relato evangélico, en cuanto tales solo han sido imaginados por mí y, por tanto, pueden tranquilamente no compartirse.

En la IV ESTACIÓN, cuando escribo: «Es el día en que te cubrí cuando el Cielo dijo que eras el Predilecto y que siguiéramos tu Palabra», tengo presentes estos versículos de Marcos: «Y sucedió que por aquellos días llegó Jesús desde Nazaret de Galilea y fue bautizado por Juan en el Jordán. Apenas salió del agua, se vio a los cielos rasgarse y al Espíritu que bajaba hacia él como una paloma. Se oyó una voz desde los cielos: *Tú eres mi Hijo amado, en ti me he complacido*» (*Mc* 1, 9-11).

De siempre he imaginado que María estuvo presente en el instante en que Jesús salía de las aguas y que lo cubrió, tal como lo había envuelto en pañales tras su nacimiento (cfr. *Lc* 2, 7).

En la VII ESTACIÓN, cuando escribo «Yo también caí, lo recuerdo, cuando corría para encontrarme con Isabel. Caí por empujar el carro atascado mientras nos dirigíamos a Jerusalén», estoy refiriéndome a las escenas evangélicas de la Visitación de María a su prima Isabel y de Jesús perdido y hallado en el Templo.

En ellas hay dos momentos que me figuro candentes. El primero, cuando María corre «deprisa» (*Lc* 1, 39) a casa de Isabel, y el segundo, cuando María y José, «creyendo a Jesús en la caravana, hicieron una jornada de camino, se pusieron a buscarlo entre los parientes y conocidos y, al no encontrarlo, regresaron en su busca a Jerusalén» (*Lc* 2, 44-45).

En ambos casos siempre he imaginado, en mi oración, que se trató de lances en los que María, obrando de manera ajetreada y teniendo quizá que echar una mano para empujar el carro por unos caminos irregulares y plagados de baches, fácilmente pudo resbalar, caer a tierra y mancharse de barro.

En la IX ESTACIÓN, donde escribo «cuando eludiste la muerte pasando por medio del gentío», aludo al episodio en la sinagoga de Nazaret al comienzo de la vida pública de Jesús. Narra allí el Evangelio que, después de hablar a sus paisanos, estos quisieron matarlo y «lo llevaron hasta un precipicio del monte sobre el que estaba edificado el pueblo, con intención de despeñarlo. Pero Jesús se abrió paso entre ellos y seguía su camino» (*Lc* 4, 29-30).

Siempre he pensado que en este episodio hubo algo de milagroso, visto que el método que emplearon los compatriotas de Jesús para matarlo era una técnica de caza venatoria, por lo que no es nada fácil imaginar cómo logró Cristo «pasar por medio de ellos». De ahí que me salga espontánea la comparación con el paso de los hebreos por el Mar Rojo.

Finalmente, cuando en la X ESTACIÓN escribo: «Como cuando, en el palacio de Herodes, imperiosa, exigí el cuerpo de Juan y me llevé a la dulce sierva, mujer de Cusa, así ahora pido tu cuerpo», me refiero a los momentos previos al sepelio de Juan Bautista. El evangelio de Mateo nos relata que «sus discípulos fueron a recoger el cuerpo y lo sepultaron» (*Mt* 14, 12). Y a mí me parece lógico que María también acudiera a los funerales de Juan, visto además que expresamente se señala la ausencia de Jesús.

Imagino que, sobre todo ante Aquella que representaba a la familia de Juan (pues

Zacarías e Isabel presumiblemente habrían fallecido), Herodes se avergonzaría del gesto vil y atroz de la matanza del primo de Jesús, y pediría a María si de algún modo podía resarcir la ruindad cometida. Fue entonces –así lo imagino– cuando María, "mansedumbre guerrera", pidió al tetrarca de forma dominante e "imperiosa" que dejara que Juana, la esposa del administrador Cusa, convertida en discípula de Cristo gracias precisamente a Juan, por quien llevaba ese nombre, pudiera seguir al Hijo.

Oración introductoria

V. En el nombre del Padre y del Hijo y del Espíritu Santo.
R. *Amén.*

Señor mío y Dios mío,
bajo la mirada amorosa de nuestra
Madre, nos disponemos a acompañarte
por el camino de dolor,
que fue precio de nuestro rescate.
Queremos sufrir todo lo que Tú sufriste,
ofrecerte nuestro pobre corazón,
contrito, porque eres inocente
y vas a morir por nosotros,
que somos los únicos culpables.
Madre mía, Virgen dolorosa,
ayúdame a revivir aquellas horas
amargas que tu Hijo quiso pasar
en la tierra, para que nosotros, hechos
de un puñado de lodo,
viviésemos al fin in libertatem gloriae
filiorum Dei, en la libertad
y gloria de los hijos de Dios.

(San Josemaría Escrivá, *Via Crucis*)

I ESTACIÓN

MARÍA ASISTE
A LA CONDENA DE SU HIJO

V. Te adoramos, Cristo, y te bendecimos.
R. *Porque por tu Santa Cruz redimiste al mundo.*

Del Evangelio según san Mateo
27, 11-12.14.24.26

Jesús fue llevado ante el gobernador, y el gobernador le preguntó: «¿Eres tú el rey de los judíos?». Jesús respondió: «Tú lo dices». Mientras, lo acusaban los sumos sacerdotes y los ancianos, pero no contestaba nada. Entonces Pilato le preguntó: «¿No oyes cuántos cargos presentan contra ti?». Como no respondía a ninguna pregunta, el gobernador estaba muy extrañado. Al ver Pilato que todo era inútil y que, al contrario, se estaba formando un tumulto, tomó agua y se lavó las manos ante la gente, diciendo: «Soy inocente de esta sangre. ¡Allá vosotros!». Entonces les soltó a Barrabás, y a Jesús, después de azotarlo, lo entregó para que lo crucificaran.

Querría envolverte en pañales.
Hijo mío, como cuando recién nacido.
Entonces para proteger y conservar la Luz
a la que viniste, de la que viniste.
Ahora para cubrir las heridas, la sangre,
el dolor.
No solo el tuyo. Hijo, Tú cargas sobre Ti
el grito del mundo entero.
Querría envolverte en pañales y, c
omo entonces, guardar en el corazón
nuestra íntima distancia, nuestro
punzante misterio de amor que Dios
sella como nueva Alianza.
Yo *custodio* todo esto.
Y *solo desearía tenerte en mis brazos.*

Padre nuestro, Ave María

V. Señor, he pecado.
R. *Ten piedad y misericordia de mí.*

II ESTACIÓN

JESÚS CARGA
CON LA CRUZ

V. Te adoramos, Cristo, y te bendecimos.
R. *Porque por tu Santa Cruz redimiste al mundo.*

Del Evangelio según san Juan
19, 12-16

Desde este momento Pilato trataba de soltarlo, pero los judíos gritaban: «Si sueltas a ese, no eres amigo del César. Todo el que se hace rey está en contra del César». Pilato entonces, al oír estas palabras, sacó afuera a Jesús y se sentó en el tribunal, en el sitio que llaman *el Enlosado*, en hebreo *Gábbata*. Era el día de la Preparación de la Pascua, hacia el mediodía. Y dijo Pilato a los judíos: «He aquí a vuestro rey». Ellos gritaron: «¡Fuera, fuera; crucifícalo!». Pilato les dijo: «¿A vuestro rey voy a crucificar?». Contestaron los sumos sacerdotes: «No tenemos más rey que al César». Entonces se lo entregó para que lo crucificaran.

Este madero forjado por mano de quien
   trabaja en lo mismo que tu padre.
¿Recuerdas? Tu padre y yo te buscábamos
   angustiados.
¿Y Tú? Tú venías a hacer la Voluntad de
   tu Padre.
La voluntad grabada en esta Cruz pesada
   de llevar, de sobrellevar.
¿Es un yugo ligero, Hijo mío? Lo es
   porque el Amor no pesa.
Y Tú eres manso y humilde de corazón.
Cargamos juntos con este madero
   de vergüenza y de redención.
Por eso Tú eres Misericordia y yo, madre
   de los afligidos.

Padre nuestro, Ave María

V. Señor, he pecado.
R. Ten piedad y misericordia de mí.

III ESTACIÓN

JESÚS CAE
POR PRIMERA VEZ

V. Te adoramos, Cristo, y te bendecimos.
R. *Porque por tu Santa Cruz redimiste al mundo.*

Del libro del profeta Isaías
53, 4-5

Él cargó con nuestros sufrimientos, aguantó nuestros dolores, y nosotros lo estimamos leproso, herido de Dios y humillado.

Pero él fue traspasado por nuestros delitos, triturado por nuestros crímenes.

El castigo que nos trae la salvación cayó sobre él, sus cicatrices nos han curado.

Recuerdo bien tus primeros pasos y tus caídas.

Un Dios que da vacilantes pasos de niño.

Vuelves a levantarte.

Esa mirada.

Veo con tus ojos.

Mis ojos mismos están en tu Trinidad, en tu unidad sufridora.

Tú estás en mi corazón herido.

Eres la espada que me traspasa el alma.

Padre nuestro, Ave María

V. Señor, he pecado.
R. *Ten piedad y misericordia de mí.*

IV ESTACIÓN

JESÚS SE ENCUENTRA CON SU MADRE

V. Te adoramos, Cristo, y te bendecimos.
R. *Porque por tu Santa Cruz redimiste al mundo.*

Del Evangelio según san Lucas
2, 34-35.51

Simeón dijo a María, su madre: «Este ha sido puesto para que muchos en Israel caigan y se levanten; y será como un signo de contradicción para que se pongan de manifiesto los pensamientos de muchos corazones. Y a ti misma una espada te traspasará el alma». Su madre conservaba todo esto en su corazón.

Y *henos aquí de frente.*
Nunca, como ahora, nos hemos conocido.
Es un nuevo parto.
Es el día en que te cubrí cuando el Cielo dijo que eras el Predilecto y que siguiéramos tu Palabra.
Seguirte hasta aquí.
En el Calvario, Tú eres el Cristo, el Hijo del Dios Vivo.
Eres mi hermosísimo bebé, que juega con sus manitas entre las sombras inciertas de la tarde alumbrada por una candela y por mi Amor.
Jamás como ahora has amado mi "Sí".
Tú eres mi "Sí".

Padre nuestro, Ave María

V. Señor, he pecado.
R. *Ten piedad y misericordia de mí.*

V ESTACIÓN

EL CIRINEO AYUDA
A JESÚS A LLEVAR LA CRUZ

V. Te adoramos, Cristo, y te bendecimos.
R. *Porque por tu Santa Cruz redimiste al mundo.*

Del Evangelio según san Marcos
15, 21-22

Entonces prendieron a uno que pasaba, un tal Simón de Cirene, padre de Alejandro y de Rufo, que volvía del campo, y lo forzaron a portar la cruz. Llevaron a Jesús al lugar del Gólgota, que significa «la calavera».

Un hombre es forzado
a llevar tu cruz.
Tu padre obligado a huir a Egipto
para salvarte.
Los gritos de los niños que ya no viven
y de sus madres
para que Tú pudieses traer tu reino
y ser el Rostro Misericordioso del Padre.
Ahora el Padre sale a tu encuentro en ese
hombre que lleva la cruz.
Tú lo miras y él aprende
qué es la cruz de amor.

Padre nuestro, Ave María

V. Señor, he pecado.
R. *Ten piedad y misericordia de mí.*

VI ESTACIÓN

LA VERONICA ENJUGA
EL ROSTRO DE JESÚS

V. Te adoramos, Cristo, y te bendecimos.
R. *Porque por tu Santa Cruz redimiste al mundo.*

Del libro del profeta Isaías
53, 2-3

Creció como un retoño en su presencia y como raíz en tierra árida.

Sin aspecto ni belleza que atraiga nuestras miradas, ni esplendor en que deleitarse. Despreciado y rechazado por los hombres, varón de dolores acostumbrado al sufrimiento, como uno ante el cual se ocultan los rostros, era detestado y desestimado.

Hija, sé Tú mis brazos
en su Rostro.
Hija, toma este velo.
Lo he tejido con cáñamo reducido a hilos,
obtenidos de cestas de peces y de panes:
como los trazos de una historia.
Tú también estás ahí, entre los alimentados
por su Amor.
Tú también guardaste en las cestas
la fragilidad de tu amor.
Imprímeme el rostro
de mi Hijo en este velo
y en tu memoria.
Hazla Memorial para ti, para todos.
Conviértete en mis brazos y
mis manos parar limpiar
su santo Rostro.

Padre nuestro, Ave María

V. Señor, he pecado.
R. *Ten piedad y misericordia de mí.*

VII ESTACIÓN

JESÚS CAE POR SEGUNDA VEZ

V. Te adoramos, Cristo, y te bendecimos.
R. *Porque por tu Santa Cruz redimiste al mundo.*

Del libro del profeta Isaías
53, 6-7

Todos errábamos desperdigados como ovejas, cada cual siguiendo su camino. El Señor hizo recaer sobre él todas nuestras iniquidades.

Maltratado, voluntariamente se humillaba y no abría la boca: como cordero llevado al matadero, como oveja ante el esquilador, enmudecía y no abría la boca.

Yo también caí, lo recuerdo,
   cuando corría para encontrarme con
   Isabel.
Caí por empujar el carro
   atascado mientras nos dirigíamos
   a Jerusalén.
Tú, Caído, levántate y resurge
   en su Voluntad, entre mis brazos,
   Celeste Piedad, humanidad inmensa
   que se refleja
   en el corazón de tu Madre.

Padre nuestro, Ave María

V. Señor, he pecado.
R. *Ten piedad y misericordia de mí.*

VIII ESTACIÓN

JESÚS CONSUELA
A LAS HIJAS DE JERUSALÉN

V. Te adoramos, Cristo, y te bendecimos.
R. *Porque por tu Santa Cruz redimiste al mundo.*

Del Evangelio según san Lucas
23, 27-31

Lo seguía una gran multitud de pueblo y de mujeres que se golpeaban el pecho y se lamentaban por él. Jesús, volviéndose hacia ellas, dijo: «Hijas de Jerusalén, no lloréis por mí, sino por vosotras mismas y por vuestros hijos, porque mirad que vienen días en los que dirán: "Bienaventuradas las estériles y los vientres que no han engendrado y los pechos que no han criado". Entonces empezarán a decir a los montes: ¡Caed sobre nosotros!, y a las colinas: ¡Cubridnos!". Porque si así tratan al leño verde, ¿qué harán con el seco?».

No lloréis, mujeres.
No llores, Madre.
Sofoco las lágrimas
   ante el vientre gestante
   de estas hijas, de estas esposas.
Vuelve a la memoria la subida
   al Templo cuando era niña.
Consagré la vida a mi Rey,
   a mi Señor.
Vuelve la memoria al instante
   en que el Espíritu
   convirtió mi vientre en Templo
   del Eterno, y a Ti en el fruto
   de un Amor infinito,
   de la humildad de su esclava.
De estas hijas, que Tú consuelas
   con tu amor, con tu dolor,
   con la esperanza de tu estar Presente.

Padre nuestro, Ave María

V. Señor, he pecado.
R. *Ten piedad y misericordia de mí.*

IX ESTACIÓN

JESÚS CAE POR
TERCERA VEZ

V. Te adoramos, Cristo, y te bendecimos.
R. *Porque por tu Santa Cruz redimiste al mundo.*

Del libro del profeta Isaías
53, 8-10

Sin defensa, sin justicia fue quitado de en medio. ¿Quién se afligirá por su suerte? Lo arrancaron de la tierra de los vivos, por los pecados de mi pueblo lo golpearon hasta la muerte. Le dieron sepultura con los impíos y una tumba con los malhechores, aunque no había cometido violencia ni hubo engaño en su boca. El Señor quiso abatirlo con dolores.

Cuando entregue su vida como expiación, verá una descendencia, prolongará sus años y, por medio de él, se cumplirá la voluntad del Señor.

Cuando el Cielo se abrió en el Jordán,
cuando las palmas se posaron
sobre tu cuerpo al grito de los Hosanna,
cuando eludiste la muerte
pasando por medio del gentío,
al igual que mi pueblo a través del
mar Rojo de la esclavitud,
caíste para romper las cadenas
del pecado,
del dolor,
de la muerte.
Nueva Pascua, fruto de tu Costado bendito,
fruto del amor
de tu madre abandonada al Eterno.

Padre nuestro, Ave María

V. Señor, he pecado.
R. *Ten piedad y misericordia de mí.*

X ESTACIÓN

JESÚS ES DESPOJADO
DE SUS VESTIDURAS

V. Te adoramos, Cristo, y te bendecimos.
R. *Porque por tu Santa Cruz redimiste al mundo.*

Del Evangelio según san Mateo 27, 33-34,
y según san Juan 19, 23-24

Cuando llegaron al lugar llamado Gólgota, que significa «lugar de la calavera», le dieron a beber vino mezclado con hiel. Él lo probó, pero no quiso beberlo.

Los soldados, una vez que crucificaron a Jesús, cogieron su ropa e hicieron cuatro partes, una para cada soldado, y apartaron la túnica. Era esta una túnica sin costura, tejida toda de una pieza de arriba abajo. Por eso se dijeron: «No la rasguemos, sino echémosla a suerte, para ver a quién le toca». Así se cumplió la Escritura: «Se repartieron mis ropas y sobre mi túnica echaron suertes».

Ante tu cuerpo desnudo
   veo qué es el Paraíso.
Y yo soy las heridas que rezuman
   Sangre.
Y yo soy las lágrimas que derramaría
   para secarte.
Soy la Gracia que cubre
   el oprobio del dolor
   sobre tu Divinidad desgarrada,
   para traer la vida eterna,
   para sellar una promesa antigua
   y siempre nueva.
Como cuando, en el palacio de Herodes,
   imperiosa, exigí el cuerpo de Juan
   y me llevé a la dulce sierva,
   mujer de Cusa,
   así ahora pido tu cuerpo.
Tu Desnudez es la de un nuevo Adán.
Esto es: soy la nueva Eva.
No por el pecado, sino por
   el Corazón y la Voluntad del Altísimo.

Padre nuestro, Ave María

V. Señor, he pecado.
R. *Ten piedad y misericordia de mí.*

XI ESTACIÓN

JESÚS ES CLAVADO
EN LA CRUZ

V. Te adoramos, Cristo, y te bendecimos.
R. *Porque por tu Santa Cruz redimiste al mundo*.

Del Evangelio según san Marcos
15, 25-27

Era la hora tercia cuando lo crucificaron. En el cartel de acusación estaba escrito: *El rey de los judíos*. Crucificaron con él a dos ladrones, uno a su derecha y otro a su izquierda.

Es preciso renacer de arriba.
Miro a Nicodemo, al que hablaste así.
Miro a mi Juan, tan pequeño.
Y te miro a Ti, Dios mío.
Pronto subiré también yo a mi Cruz,
pero ahora me quieres madre.
La cruz en que cuelgas me hace sentir
por primera vez los dolores del parto y
la fe.
La fe en la Luz por encima del dolor.
Me convierto en Madre
y miro a Nicodemo.
Y a Juan que llora y a un joven
que huye. Desnudo,
porque el dolor es excesivo.
Y me quedo bajo esta Cruz.
Me convierto en Madre y miro
los clavos de tus manos.
Y la herida sangrante de tu costado.
Crece verde la hierba bajo el madero
y el cielo se abre.

Padre nuestro, Ave María

V. Señor, he pecado.
R. *Ten piedad y misericordia de mí.*

XII ESTACIÓN

JESÚS MUERE EN LA CRUZ

V. Te adoramos, Cristo, y te bendecimos.
R. *Porque por tu Santa Cruz redimiste al mundo*.

Del Evangelio según san Mateo
27, 45-50.54

Desde la hora sexta hasta la hora nona, las tinieblas se cernieron sobre toda la tierra. A la hora nona, Jesús gritó con gran voz: *Elí, Elí, lemá sabaqtaní*; es decir: «Dios mío, Dios mío, ¿por qué me has abandonado?». Al oírlo, algunos de los que estaban allí dijeron: «Está llamando a Elías». Enseguida uno de ellos fue corriendo, cogió una esponja empapada en vinagre y, sujetándola en una caña, le dio de beber. Los demás decían: «Déjalo, a ver si viene Elías a salvarlo». Y Jesús, dando un fuerte grito, exhaló el espíritu. El centurión y los que custodiaban a Jesús, al sentir el terremoto y visto lo que pasaba, dijeron aterrorizados: «Verdaderamente, este era Hijo de Dios».

Mi alma magnifica al Señor.
Dios mío, ¿por qué me has abandonado?
Porque ha mirado la humildad
de su esclava.
En tus manos, Padre, entrego mi Espíritu.
Todas las generaciones me llamarán
Bienaventurada.
Dicho esto: "Padre, perdónales
porque no saben lo que hacen".
Cuantos pasáis por el camino,
considerad si hay dolor comparable
a mi dolor.
Dicho esto,
expiró.
Expiramos juntos, Amor mío.

Padre nuestro, Ave María

V. Señor, he pecado.
R. *Ten piedad y misericordia de mí.*

XIII ESTACIÓN

DESCLAVAN A JESÚS Y LO ENTREGAN A SU MADRE

V. Te adoramos, Cristo, y te bendecimos.
R. *Porque por tu Santa Cruz redimiste al mundo.*

Del Evangelio según san Juan
19, 38-40

Después de esto, José de Arimatea, que era discípulo de Jesús, aunque clandestino por miedo a los judíos, pidió a Pilato que le dejara recoger el cuerpo de Jesús. Pilato lo autorizó. Fue él entonces y se llevó el cuerpo. Llegó también Nicodemo, aquel que había ido a verle de noche, y trajo una mixtura de mirra y áloe, cerca de cien libras. Tomaron el cuerpo de Jesús y lo envolvieron en lienzos con óleos aromáticos, según se acostumbra a sepultar entre los judíos.

Tomaste el pan y diste gracias.
Ahora José te toma a Ti.
Tomaste el vino y diste gracias.
Ahora limpio la sangre que se hace vida,
   te desenredo los cabellos.
Recuerdo tus palabras: el Omnipotente
   los ha contado, los cuenta uno a uno.
Recompongo tu bella faz.
La ofensa del dolor ya ha sido derrotada
   por la Piedad.
Mis brazos te sostienen.
Las tinieblas que no Te acogieron
   están iluminadas por tu Luz.
Hasta los goznes del Infierno
   han cedido a tu Poder.
Y Tú, aquí, exánime, entre mis brazos,
   eres el eterno. Eres la brisa de viento
   suave.

Padre nuestro, Ave María

V. Señor, he pecado.
R. Ten piedad y misericordia de mí.

XIV ESTACIÓN

JESÚS
ES SEPULTADO

V. Te adoramos, Cristo, y te bendecimos.
R. *Porque por tu Santa Cruz redimiste al mundo.*

Del Evangelio según san Juan 19, 41-42
y según san Lucas 23, 55-56

Había un huerto en el sitio donde lo crucificaron y, en el huerto, un sepulcro nuevo, donde nadie había sido sepultado todavía. Y como para los judíos era el día de la Preparación, y el sepulcro estaba cerca, allí depositaron a Jesús.

Las mujeres que habían venido con Jesús de Galilea siguieron a José, vieron el sepulcro y cómo había sido colocado el cuerpo. Luego regresaron y prepararon aromas y óleos perfumados. Y el sábado descansaron conforme al precepto.

Sábado, Tú eres mi Sábado,
  complacencia del Creador
  enamorado de su creación.
Descanso del hombre recostado
  en tu regazo en la Última Cena.
Abrahán ante la promesa
  de la inmensidad de tus estrellas,
  impresas en mi Manto,
  impresas en mi corazón.
Venid vosotros que estáis oprimidos,
  soy la aurora de la Nueva Alianza.
Mujeres, es inútil la búsqueda
  porque Aquel a quien buscáis
  ha resucitado.

Padre nuestro, Ave María

V. Señor, he pecado.
R. *Ten piedad y misericordia de mí.*

ORACIÓN

Oh Dios, que, habiéndonos condenado a la muerte, nos has ocultado su momento y su hora, haz que yo, viviendo justa y santamente todos los días de mi vida, pueda merecer salir de este mundo en tu gracia y santo amor. Por los méritos de nuestro Señor Jesucristo, tu Hijo, que vive y reina contigo en la unidad del Espíritu Santo, y es Dios por los siglos de los siglos. Amén.

ACTO DE ACEPTACIÓN
DE LA MUERTE

Señor, Dios mío: ya desde ahora acepto de buena voluntad, como venida de tu mano, cualquier género de muerte que quieras enviarme, con todas sus angustias, penas y dolores.